Coding and Programming with Pencil & Paper

A Notebook to Plan and Design Your Code

BrightView
NOTEBOOKS

Contents

College-Ruled Lined Paper

College-Ruled Lined Paper ...with numbered lines

1	
2	
3	
4	
5	
6	
7	
8	
9	
10	
11	
12	
13	
14	
15	
16	
17	
18	
19	
20	
21	
22	
23	
24	

1	
2	
3	
4	
5	
6	
7	
8	
9	
10	
11	
12	
13	
14	
15	
16	
17	
18	
19	
20	
21	
22	
23	
24	

1	
2	
3	
4	
5	
6	
7	
8	
9	
10	
11	
12	
13	
14	
15	
16	
17	
18	
19	
20	
21	
22	
23	
24	

	1	
	2	
	3	
	4	
	5	
	6	
	7	
	8	
	9	
	10	
	11	
	12	
	13	
	14	
	15	
	16	
	17	
	18	
	19	
	20	
	21	
	22	
	23	
	24	

1	
2	
3	
4	
5	
6	
7	
8	
9	
10	
11	
12	
13	
14	
15	
16	
17	
18	
19	
20	
21	
22	
23	
24	

1	
2	
3	
4	
5	
6	
7	
8	
9	
10	
11	
12	
13	
14	
15	
16	
17	
18	
19	
20	
21	
22	
23	
24	

1	
2	
3	
4	
5	
6	
7	
8	
9	
10	
11	
12	
13	
14	
15	
16	
17	
18	
19	
20	
21	
22	
23	
24	

	1	
	2	
	3	
	4	
	5	
	6	
	7	
	8	
	9	
	10	
	11	
	12	
	13	
	14	
	15	
	16	
	17	
	18	
	19	
	20	
	21	
	22	
	23	
	24	

1

2

3

4

5

6

7

8

9

10

11

12

13

14

15

16

17

18

19

20

21

22

23

24

1	
2	
3	
4	
5	
6	
7	
8	
9	
10	
11	
12	
13	
14	
15	
16	
17	
18	
19	
20	
21	
22	
23	
24	

1	
2	
3	
4	
5	
6	
7	
8	
9	
10	
11	
12	
13	
14	
15	
16	
17	
18	
19	
20	
21	
22	
23	
24	

	1	
	2	
	3	
	4	
	5	
	6	
	7	
	8	
	9	
	10	
	11	
	12	
	13	
	14	
	15	
	16	
	17	
	18	
	19	
	20	
	21	
	22	
	23	
	24	

1	
2	
3	
4	
5	
6	
7	
8	
9	
10	
11	
12	
13	
14	
15	
16	
17	
18	
19	
20	
21	
22	
23	
24	

1	
2	
3	
4	
5	
6	
7	
8	
9	
10	
11	
12	
13	
14	
15	
16	
17	
18	
19	
20	
21	
22	
23	
24	

1	
2	
3	
4	
5	
6	
7	
8	
9	
10	
11	
12	
13	
14	
15	
16	
17	
18	
19	
20	
21	
22	
23	
24	

1	
2	
3	
4	
5	
6	
7	
8	
9	
10	
11	
12	
13	
14	
15	
16	
17	
18	
19	
20	
21	
22	
23	
24	

Half College-Ruled/
Half Blank Paper

Half College-Ruled/ Half Graph Paper

Sketch Paper

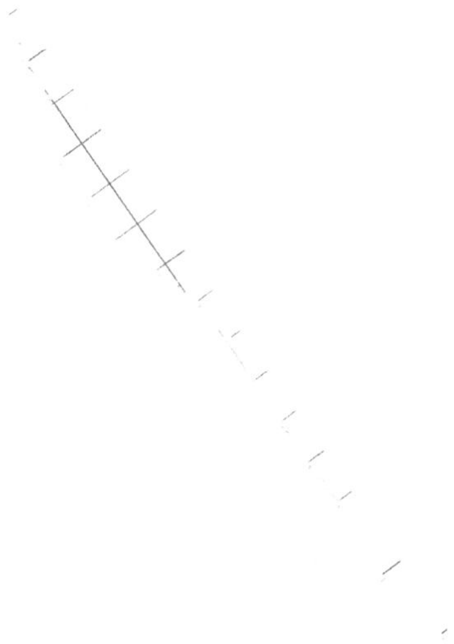

GraphPaper (5x5)

Storyboard for 9-Step Algorithm

Storyboard for 18-Step Algorithm

Gilli Free session.

Dot Grid Paper

Two-Column Lined Paper

Hexagonal Paper

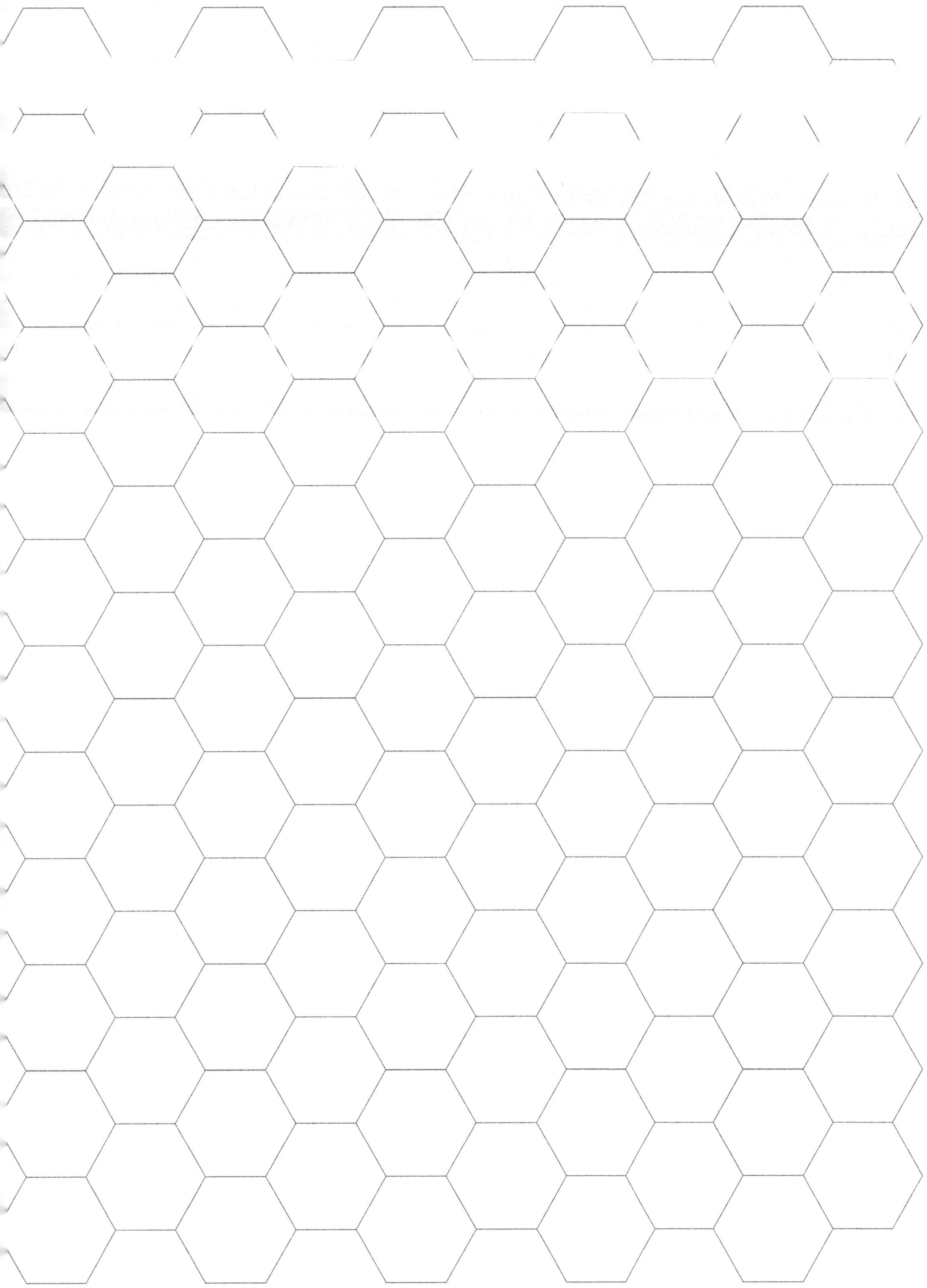

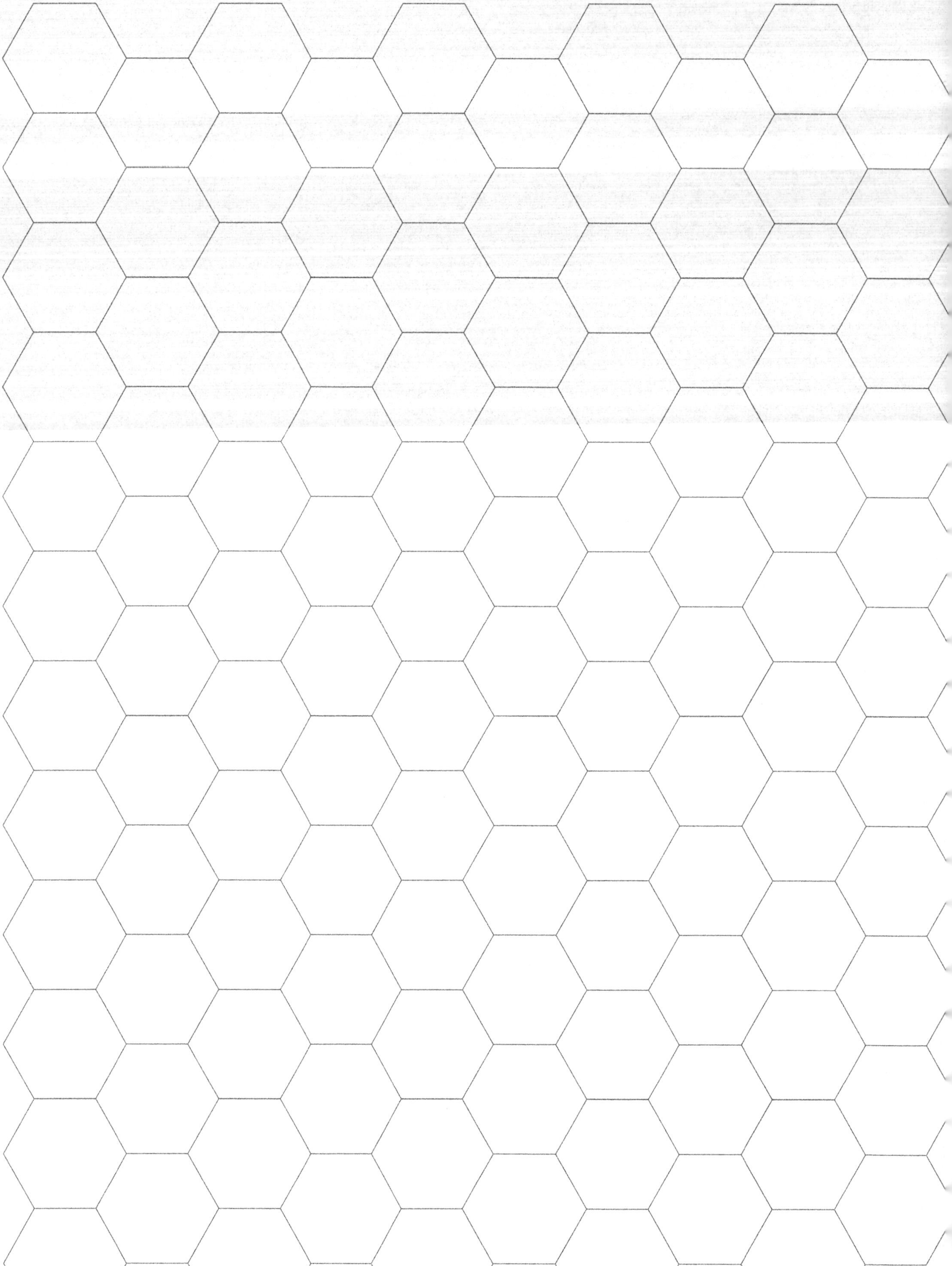

Graph Paper Programming

4x4 grids with worksheet

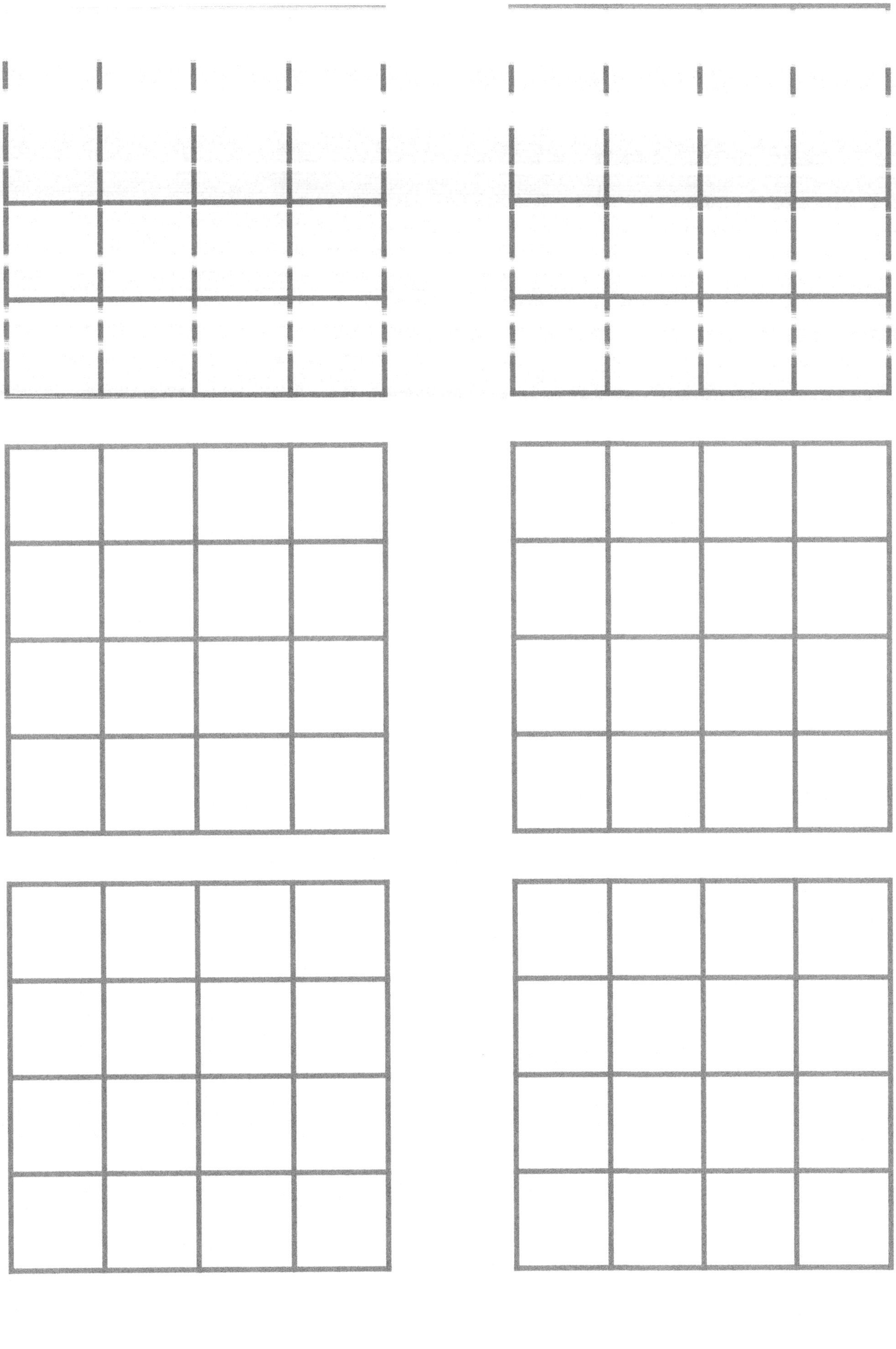

Game #1

Step 1	2	3	4	5	6	7	8	9	10	11	12	13	14	15
Step 16	17	18	19	20	21	22	23	24	25	26	27	28	29	30
Step 31	32	33	34	35	36	37	38	39	40	41	42	43	44	45

Game #2

Step 1	2	3	4	5	6	7	8	9	10	11	12	13	14	15
Step 16	17	18	19	20	21	22	23	24	25	26	27	28	29	30
Step 31	32	33	34	35	36	37	38	39	40	41	42	43	44	45

Game #3

Step 1	2	3	4	5	6	7	8	9	10	11	12	13	14	15
Step 16	17	18	19	20	21	22	23	24	25	26	27	28	29	30
Step 31	32	33	34	35	36	37	38	39	40	41	42	43	44	45

Game #4

Step 1	2	3	4	5	6	7	8	9	10	11	12	13	14	15
Step 16	17	18	19	20	21	22	23	24	25	26	27	28	29	30
Step 31	32	33	34	35	36	37	38	39	40	41	42	43	44	45

Game #5

Step 1	2	3	4	5	6	7	8	9	10	11	12	13	14	15
Step 16	17	18	19	20	21	22	23	24	25	26	27	28	29	30
Step 31	32	33	34	35	36	37	38	39	40	41	42	43	44	45

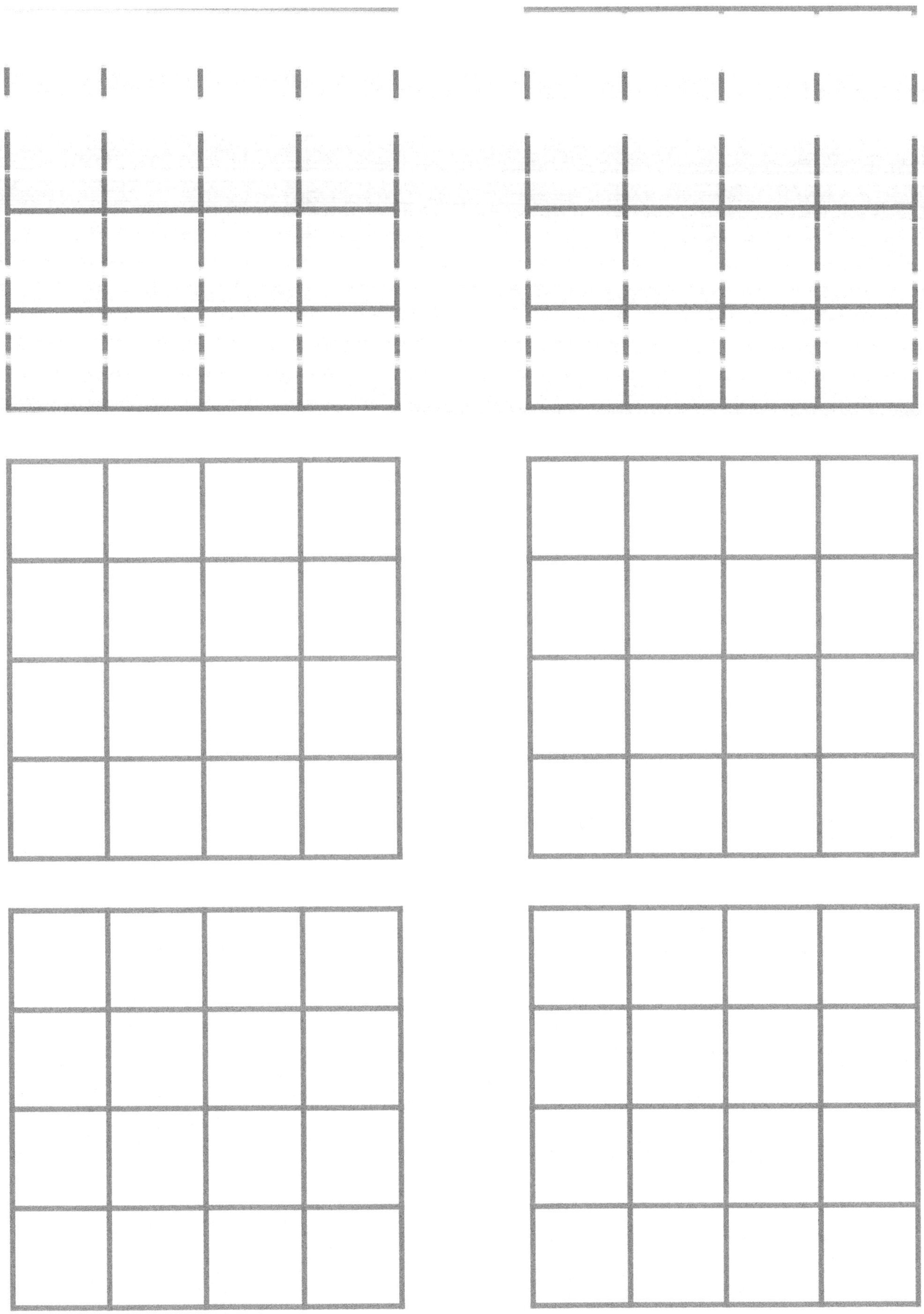

Game #1

Step 1	2	3	4	5	6	7	8	9	10	11	12	13	14	15
Step 16	17	18	19	20	21	22	23	24	25	26	27	28	29	30
Step 31	32	33	34	35	36	37	38	39	40	41	42	43	44	45

Game #2

Step 1	2	3	4	5	6	7	8	9	10	11	12	13	14	15
Step 16	17	18	19	20	21	22	23	24	25	26	27	28	29	30
Step 31	32	33	34	35	36	37	38	39	40	41	42	43	44	45

Game #3

Step 1	2	3	4	5	6	7	8	9	10	11	12	13	14	15
Step 16	17	18	19	20	21	22	23	24	25	26	27	28	29	30
Step 31	32	33	34	35	36	37	38	39	40	41	42	43	44	45

Game #4

Step 1	2	3	4	5	6	7	8	9	10	11	12	13	14	15
Step 16	17	18	19	20	21	22	23	24	25	26	27	28	29	30
Step 31	32	33	34	35	36	37	38	39	40	41	42	43	44	45

Game #5

Step 1	2	3	4	5	6	7	8	9	10	11	12	13	14	15
Step 16	17	18	19	20	21	22	23	24	25	26	27	28	29	30
Step 31	32	33	34	35	36	37	38	39	40	41	42	43	44	45

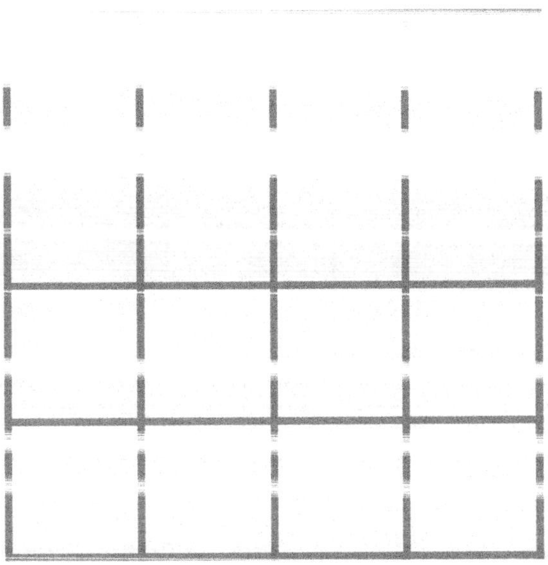
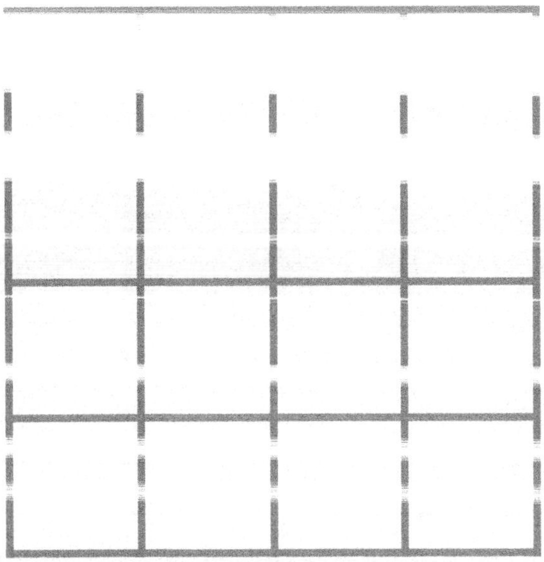
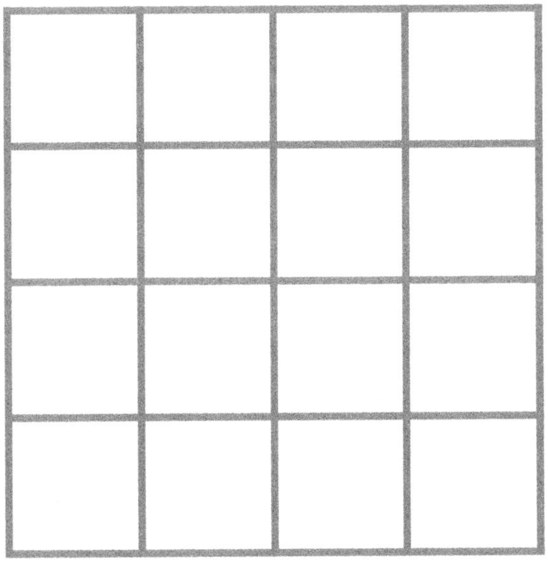
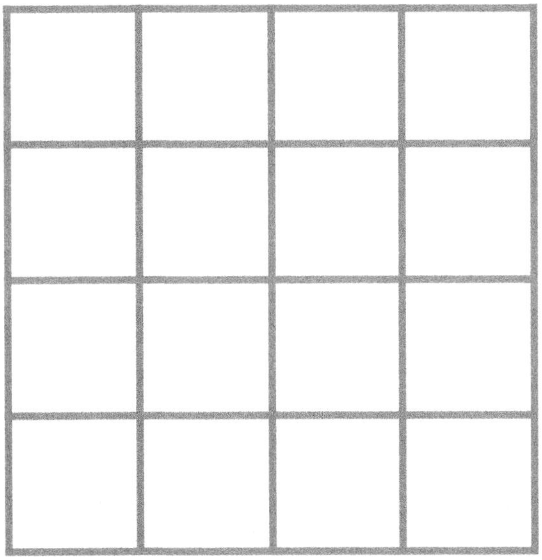
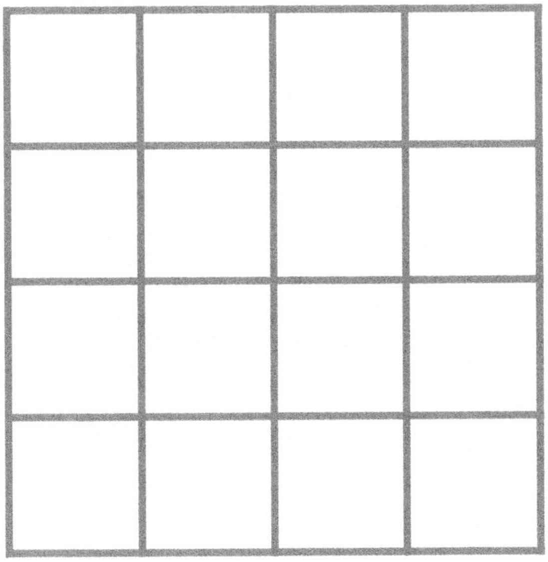
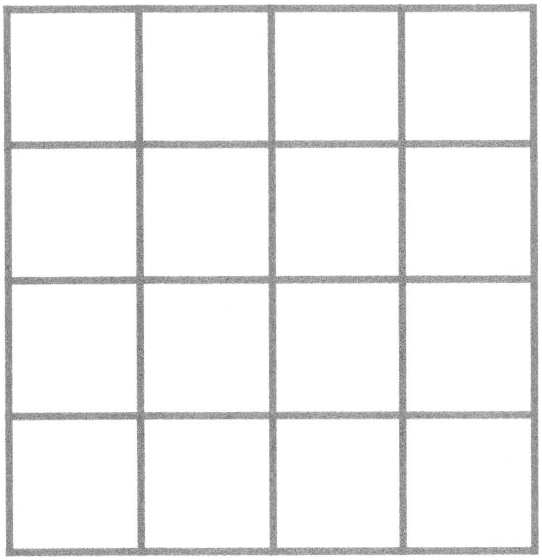

Game #1

Step 1	2	3	4	5	6	7	8	9	10	11	12	13	14	15
Step 16	17	18	19	20	21	22	23	24	25	26	27	28	29	30
Step 31	32	33	34	35	36	37	38	39	40	41	42	43	44	45

Game #2

Step 1	2	3	4	5	6	7	8	9	10	11	12	13	14	15
Step 16	17	18	19	20	21	22	23	24	25	26	27	28	29	30
Step 31	32	33	34	35	36	37	38	39	40	41	42	43	44	45

Game #3

Step 1	2	3	4	5	6	7	8	9	10	11	12	13	14	15
Step 16	17	18	19	20	21	22	23	24	25	26	27	28	29	30
Step 31	32	33	34	35	36	37	38	39	40	41	42	43	44	45

Game #4

Step 1	2	3	4	5	6	7	8	9	10	11	12	13	14	15
Step 16	17	18	19	20	21	22	23	24	25	26	27	28	29	30
Step 31	32	33	34	35	36	37	38	39	40	41	42	43	44	45

Game #5

Step 1	2	3	4	5	6	7	8	9	10	11	12	13	14	15
Step 16	17	18	19	20	21	22	23	24	25	26	27	28	29	30
Step 31	32	33	34	35	36	37	38	39	40	41	42	43	44	45

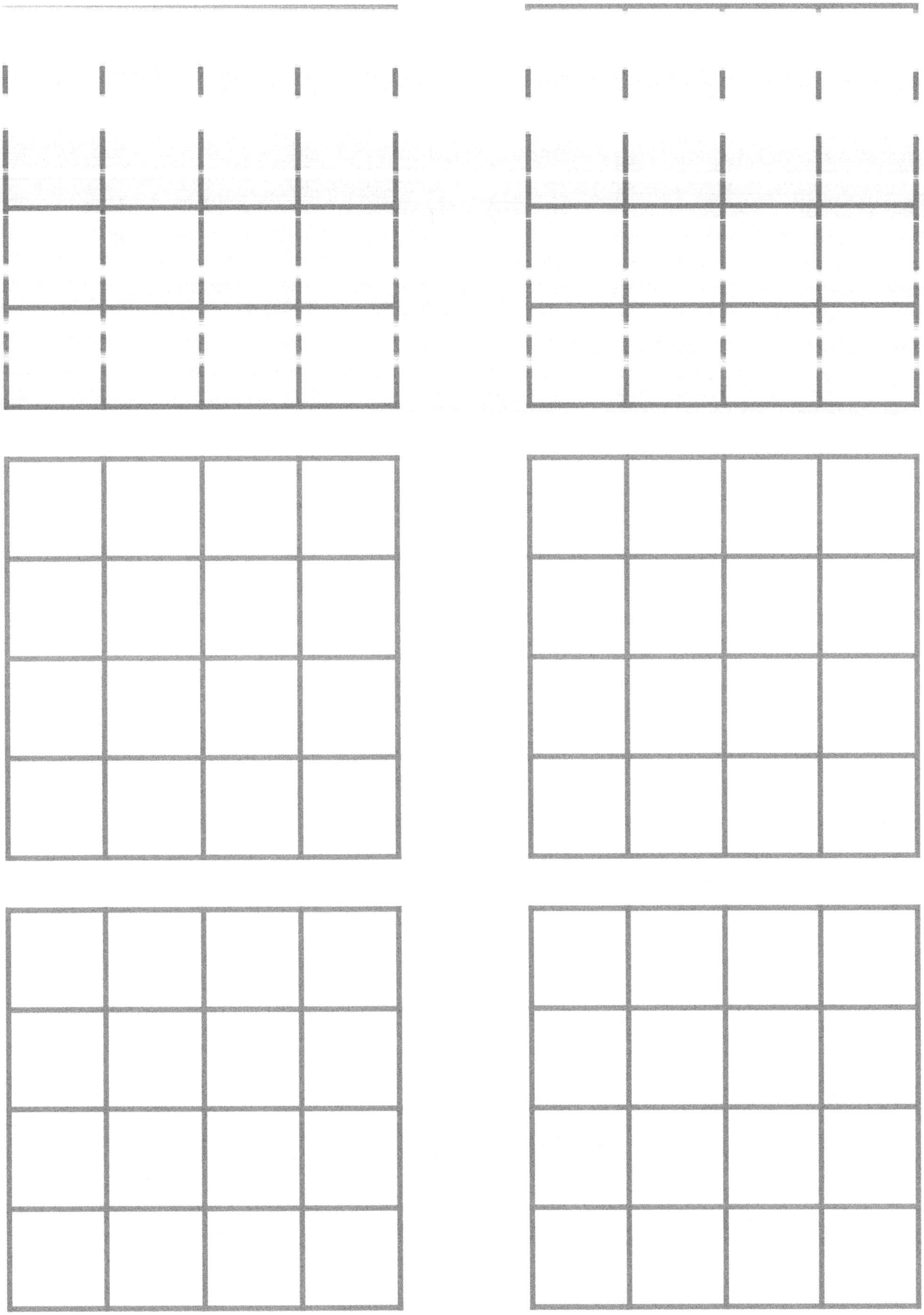

Game #1

Step 1	2	3	4	5	6	7	8	9	10	11	12	13	14	15
Step 16	17	18	19	20	21	22	23	24	25	26	27	28	29	30
Step 31	32	33	34	35	36	37	38	39	40	41	42	43	44	45

Game #2

Step 1	2	3	4	5	6	7	8	9	10	11	12	13	14	15
Step 16	17	18	19	20	21	22	23	24	25	26	27	28	29	30
Step 31	32	33	34	35	36	37	38	39	40	41	42	43	44	45

Game #3

Step 1	2	3	4	5	6	7	8	9	10	11	12	13	14	15
Step 16	17	18	19	20	21	22	23	24	25	26	27	28	29	30
Step 31	32	33	34	35	36	37	38	39	40	41	42	43	44	45

Game #4

Step 1	2	3	4	5	6	7	8	9	10	11	12	13	14	15
Step 16	17	18	19	20	21	22	23	24	25	26	27	28	29	30
Step 31	32	33	34	35	36	37	38	39	40	41	42	43	44	45

Game #5

Step 1	2	3	4	5	6	7	8	9	10	11	12	13	14	15
Step 16	17	18	19	20	21	22	23	24	25	26	27	28	29	30
Step 31	32	33	34	35	36	37	38	39	40	41	42	43	44	45

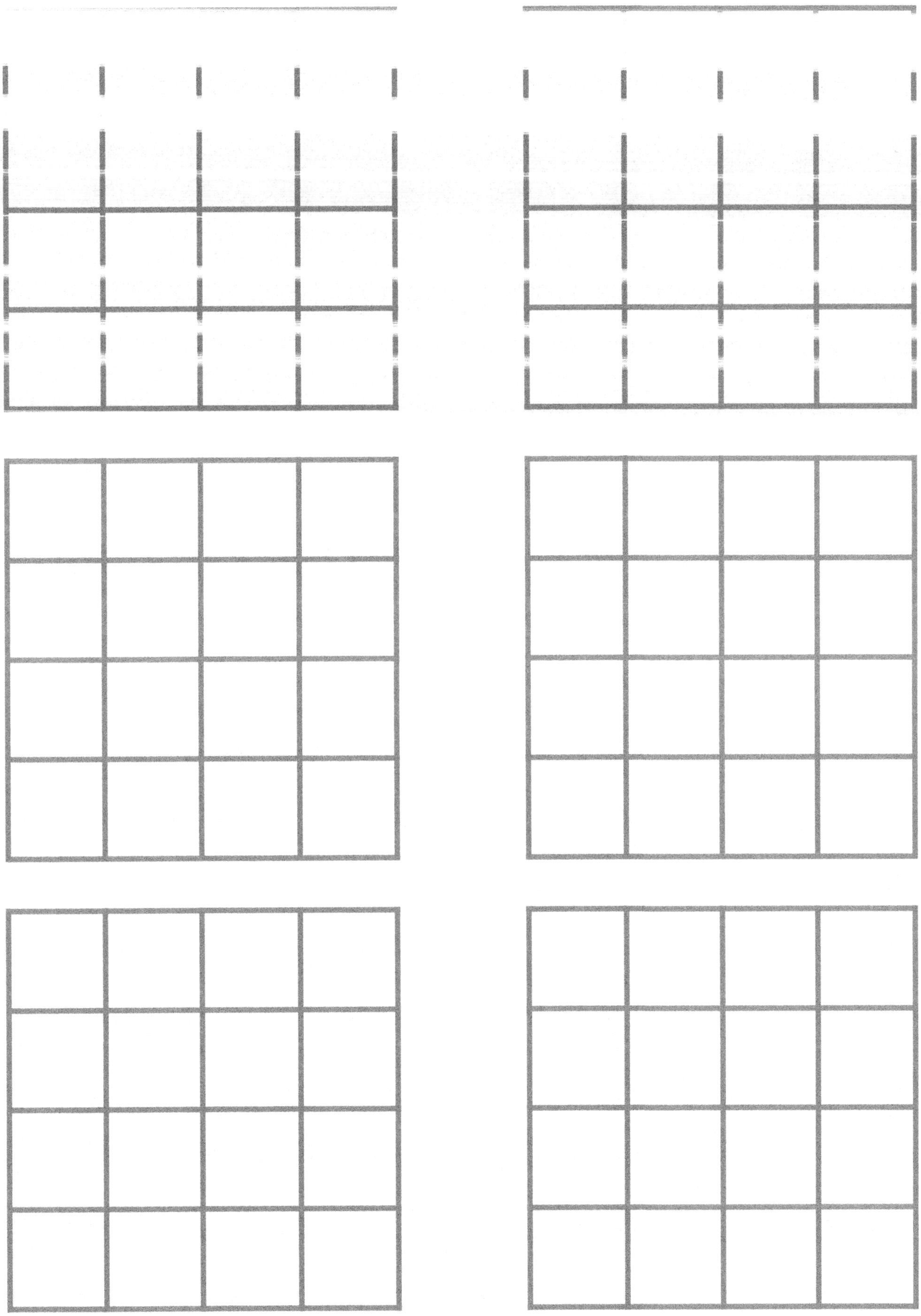

Game #1

Step 1	2	3	4	5	6	7	8	9	10	11	12	13	14	15
Step 16	17	18	19	20	21	22	23	24	25	26	27	28	29	30
Step 31	32	33	34	35	36	37	38	39	40	41	42	43	44	45

Game #2

Step 1	2	3	4	5	6	7	8	9	10	11	12	13	14	15
Step 16	17	18	19	20	21	22	23	24	25	26	27	28	29	30
Step 31	32	33	34	35	36	37	38	39	40	41	42	43	44	45

Game #3

Step 1	2	3	4	5	6	7	8	9	10	11	12	13	14	15
Step 16	17	18	19	20	21	22	23	24	25	26	27	28	29	30
Step 31	32	33	34	35	36	37	38	39	40	41	42	43	44	45

Game #4

Step 1	2	3	4	5	6	7	8	9	10	11	12	13	14	15
Step 16	17	18	19	20	21	22	23	24	25	26	27	28	29	30
Step 31	32	33	34	35	36	37	38	39	40	41	42	43	44	45

Game #5

Step 1	2	3	4	5	6	7	8	9	10	11	12	13	14	15
Step 16	17	18	19	20	21	22	23	24	25	26	27	28	29	30
Step 31	32	33	34	35	36	37	38	39	40	41	42	43	44	45

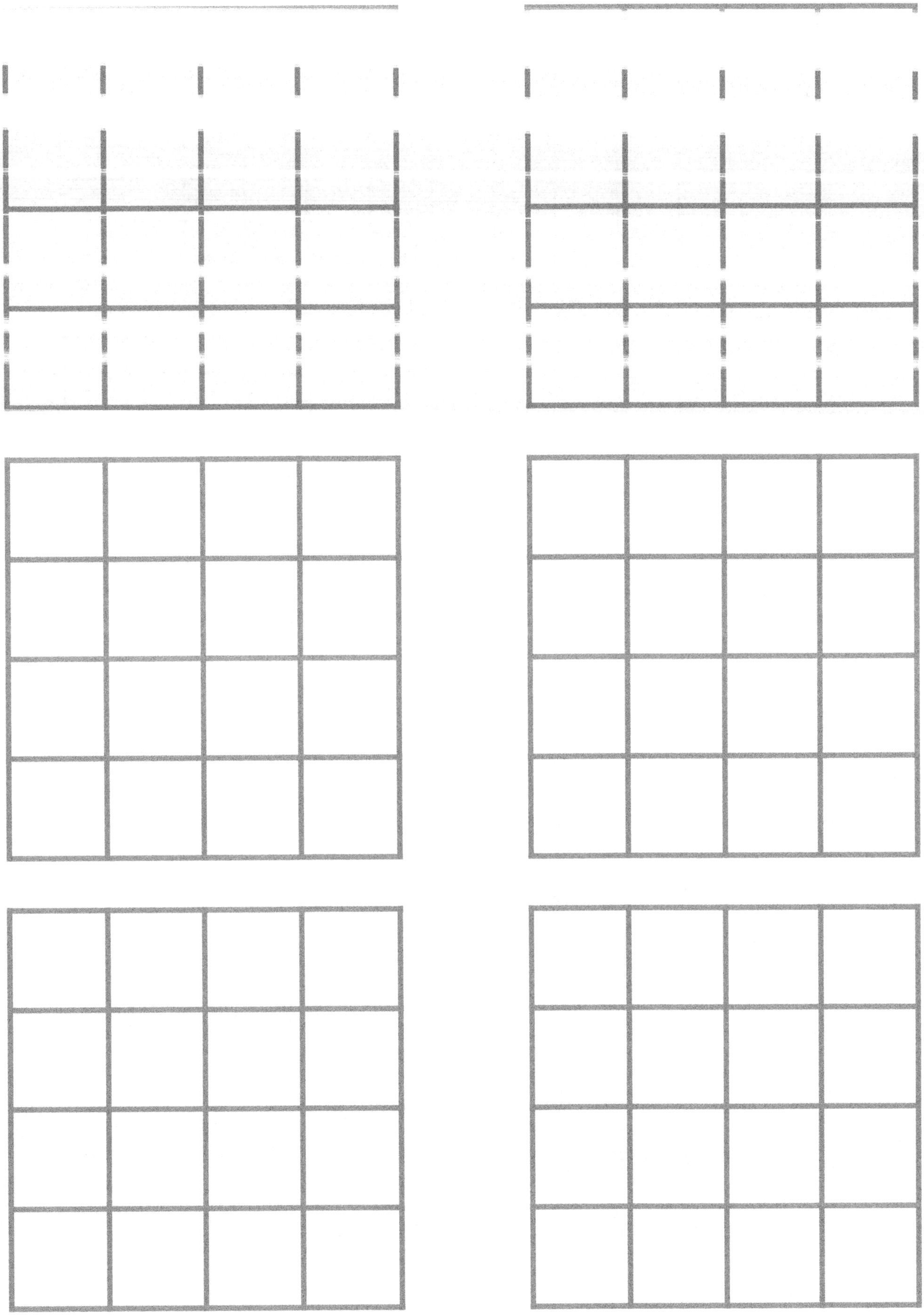

Game #1

Step 1	2	3	4	5	6	7	8	9	10	11	12	13	14	15
Step 16	17	18	19	20	21	22	23	24	25	26	27	28	29	30
Step 31	32	33	34	35	36	37	38	39	40	41	42	43	44	45

Game #2

Step 1	2	3	4	5	6	7	8	9	10	11	12	13	14	15
Step 16	17	18	19	20	21	22	23	24	25	26	27	28	29	30
Step 31	32	33	34	35	36	37	38	39	40	41	42	43	44	45

Game #3

Step 1	2	3	4	5	6	7	8	9	10	11	12	13	14	15
Step 16	17	18	19	20	21	22	23	24	25	26	27	28	29	30
Step 31	32	33	34	35	36	37	38	39	40	41	42	43	44	45

Game #4

Step 1	2	3	4	5	6	7	8	9	10	11	12	13	14	15
Step 16	17	18	19	20	21	22	23	24	25	26	27	28	29	30
Step 31	32	33	34	35	36	37	38	39	40	41	42	43	44	45

Game #5

Step 1	2	3	4	5	6	7	8	9	10	11	12	13	14	15
Step 16	17	18	19	20	21	22	23	24	25	26	27	28	29	30
Step 31	32	33	34	35	36	37	38	39	40	41	42	43	44	45

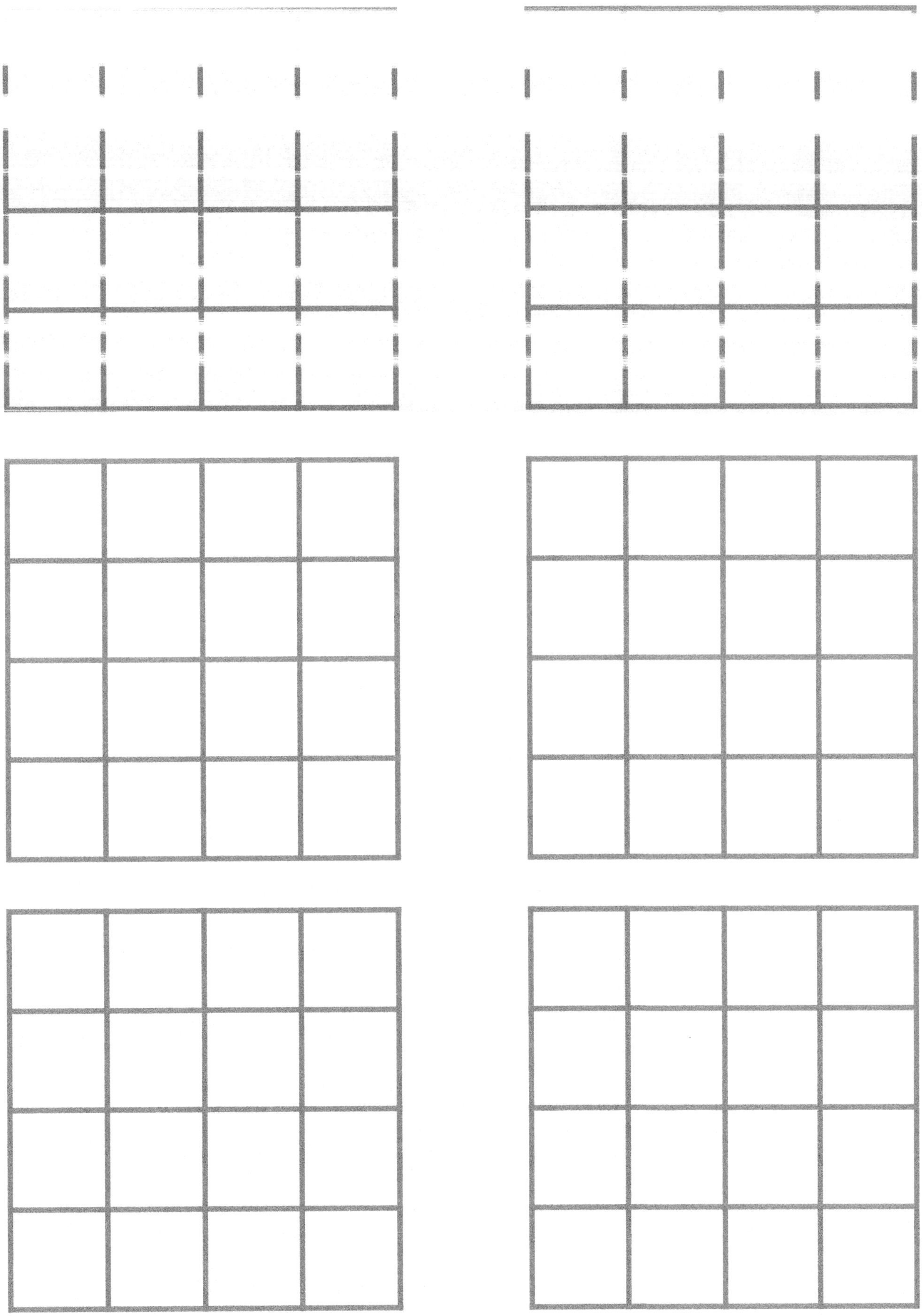

Game #1

Step 1	2	3	4	5	6	7	8	9	10	11	12	13	14	15
Step 16	17	18	19	20	21	22	23	24	25	26	27	28	29	30
Step 31	32	33	34	35	36	37	38	39	40	41	42	43	44	45

Game #2

Step 1	2	3	4	5	6	7	8	9	10	11	12	13	14	15
Step 16	17	18	19	20	21	22	23	24	25	26	27	28	29	30
Step 31	32	33	34	35	36	37	38	39	40	41	42	43	44	45

Game #3

Step 1	2	3	4	5	6	7	8	9	10	11	12	13	14	15
Step 16	17	18	19	20	21	22	23	24	25	26	27	28	29	30
Step 31	32	33	34	35	36	37	38	39	40	41	42	43	44	45

Game #4

Step 1	2	3	4	5	6	7	8	9	10	11	12	13	14	15
Step 16	17	18	19	20	21	22	23	24	25	26	27	28	29	30
Step 31	32	33	34	35	36	37	38	39	40	41	42	43	44	45

Game #5

Step 1	2	3	4	5	6	7	8	9	10	11	12	13	14	15
Step 16	17	18	19	20	21	22	23	24	25	26	27	28	29	30
Step 31	32	33	34	35	36	37	38	39	40	41	42	43	44	45

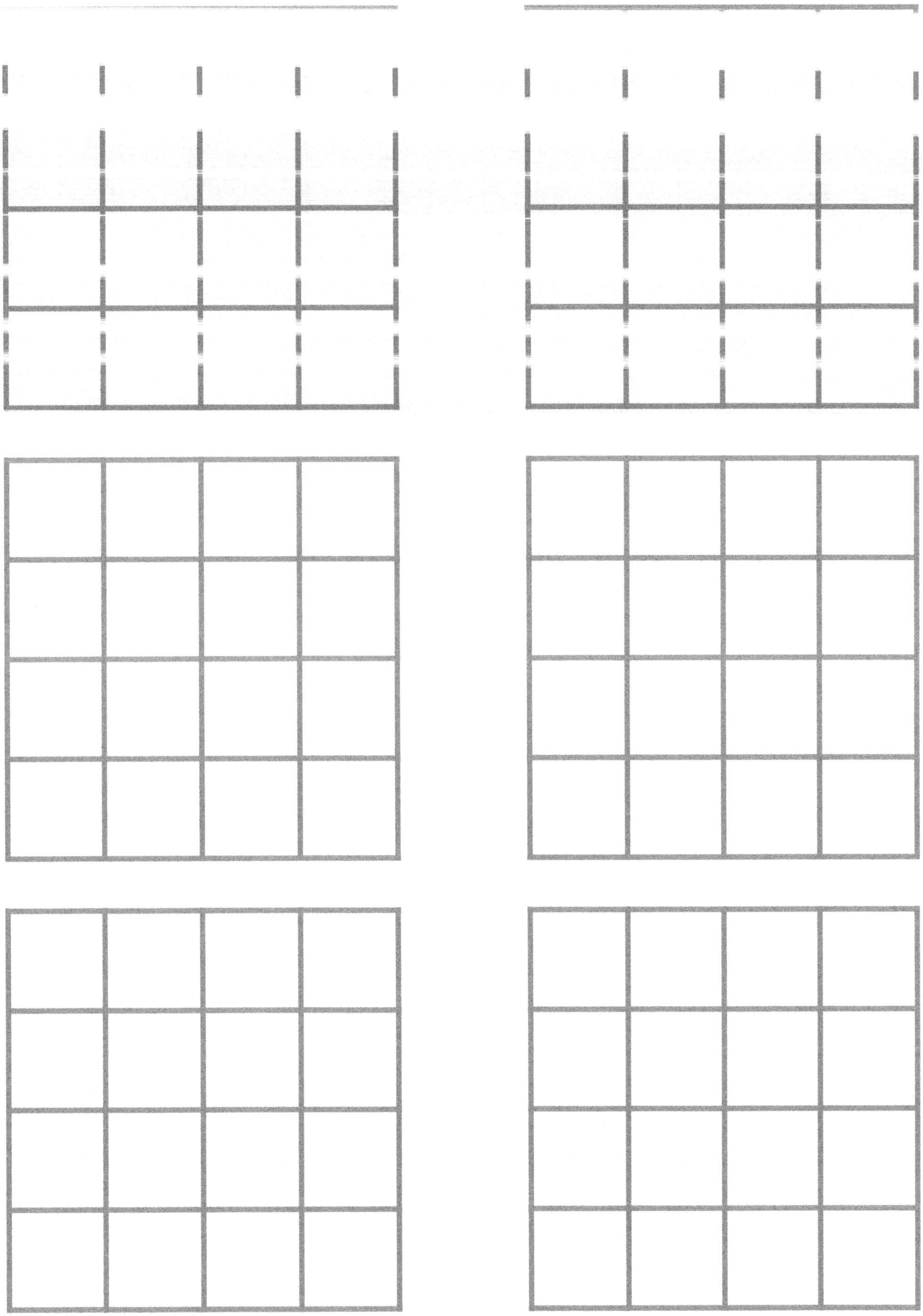

Game #1

Step 1	2	3	4	5	6	7	8	9	10	11	12	13	14	15
Step 16	17	18	19	20	21	22	23	24	25	26	27	28	29	30
Step 31	32	33	34	35	36	37	38	39	40	41	42	43	44	45

Game #2

Step 1	2	3	4	5	6	7	8	9	10	11	12	13	14	15
Step 16	17	18	19	20	21	22	23	24	25	26	27	28	29	30
Step 31	32	33	34	35	36	37	38	39	40	41	42	43	44	45

Game #3

Step 1	2	3	4	5	6	7	8	9	10	11	12	13	14	15
Step 16	17	18	19	20	21	22	23	24	25	26	27	28	29	30
Step 31	32	33	34	35	36	37	38	39	40	41	42	43	44	45

Game #4

Step 1	2	3	4	5	6	7	8	9	10	11	12	13	14	15
Step 16	17	18	19	20	21	22	23	24	25	26	27	28	29	30
Step 31	32	33	34	35	36	37	38	39	40	41	42	43	44	45

Game #5

Step 1	2	3	4	5	6	7	8	9	10	11	12	13	14	15
Step 16	17	18	19	20	21	22	23	24	25	26	27	28	29	30
Step 31	32	33	34	35	36	37	38	39	40	41	42	43	44	45

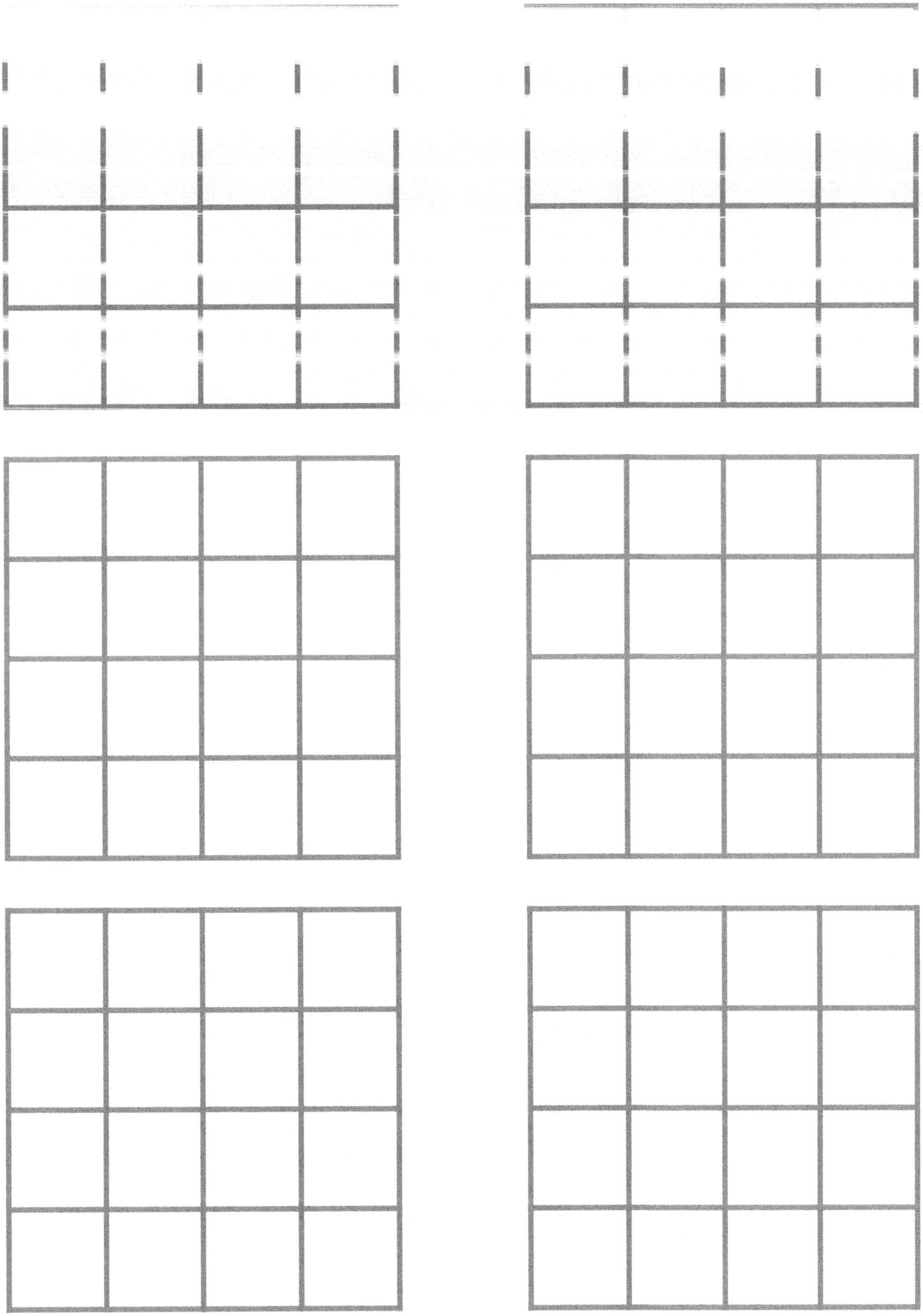

Game #1

Step 1	2	3	4	5	6	7	8	9	10	11	12	13	14	15
Step 16	17	18	19	20	21	22	23	24	25	26	27	28	29	30
Step 31	32	33	34	35	36	37	38	39	40	41	42	43	44	45

Game #2

Step 1	2	3	4	5	6	7	8	9	10	11	12	13	14	15
Step 16	17	18	19	20	21	22	23	24	25	26	27	28	29	30
Step 31	32	33	34	35	36	37	38	39	40	41	42	43	44	45

Game #3

Step 1	2	3	4	5	6	7	8	9	10	11	12	13	14	15
Step 16	17	18	19	20	21	22	23	24	25	26	27	28	29	30
Step 31	32	33	34	35	36	37	38	39	40	41	42	43	44	45

Game #4

Step 1	2	3	4	5	6	7	8	9	10	11	12	13	14	15
Step 16	17	18	19	20	21	22	23	24	25	26	27	28	29	30
Step 31	32	33	34	35	36	37	38	39	40	41	42	43	44	45

Game #5

Step 1	2	3	4	5	6	7	8	9	10	11	12	13	14	15
Step 16	17	18	19	20	21	22	23	24	25	26	27	28	29	30
Step 31	32	33	34	35	36	37	38	39	40	41	42	43	44	45

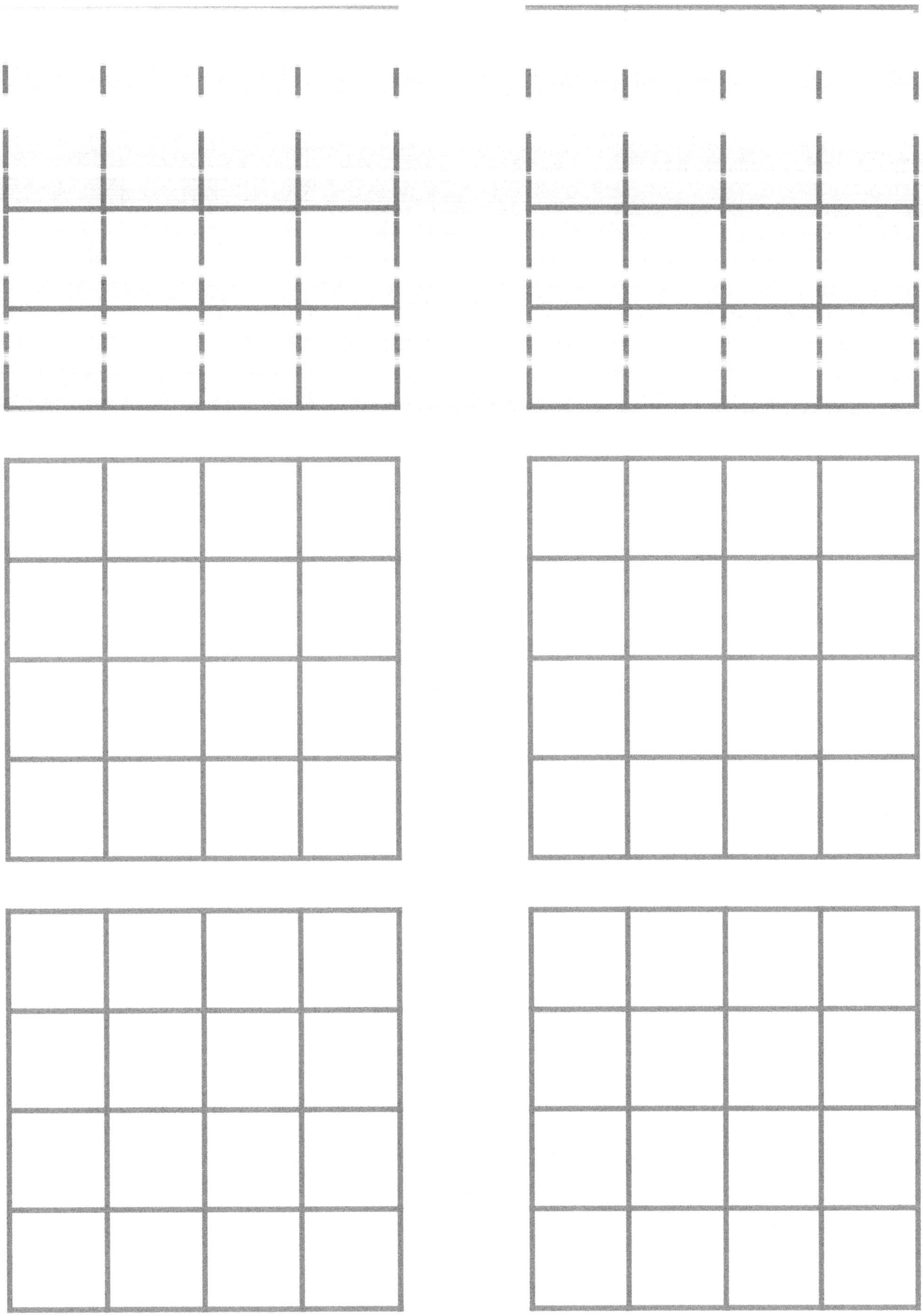

Game #1

Step 1	2	3	4	5	6	7	8	9	10	11	12	13	14	15
Step 16	17	18	19	20	21	22	23	24	25	26	27	28	29	30
Step 31	32	33	34	35	36	37	38	39	40	41	42	43	44	45

Game #2

Step 1	2	3	4	5	6	7	8	9	10	11	12	13	14	15
Step 16	17	18	19	20	21	22	23	24	25	26	27	28	29	30
Step 31	32	33	34	35	36	37	38	39	40	41	42	43	44	45

Game #3

Step 1	2	3	4	5	6	7	8	9	10	11	12	13	14	15
Step 16	17	18	19	20	21	22	23	24	25	26	27	28	29	30
Step 31	32	33	34	35	36	37	38	39	40	41	42	43	44	45

Game #4

Step 1	2	3	4	5	6	7	8	9	10	11	12	13	14	15
Step 16	17	18	19	20	21	22	23	24	25	26	27	28	29	30
Step 31	32	33	34	35	36	37	38	39	40	41	42	43	44	45

Game #5

Step 1	2	3	4	5	6	7	8	9	10	11	12	13	14	15
Step 16	17	18	19	20	21	22	23	24	25	26	27	28	29	30
Step 31	32	33	34	35	36	37	38	39	40	41	42	43	44	45

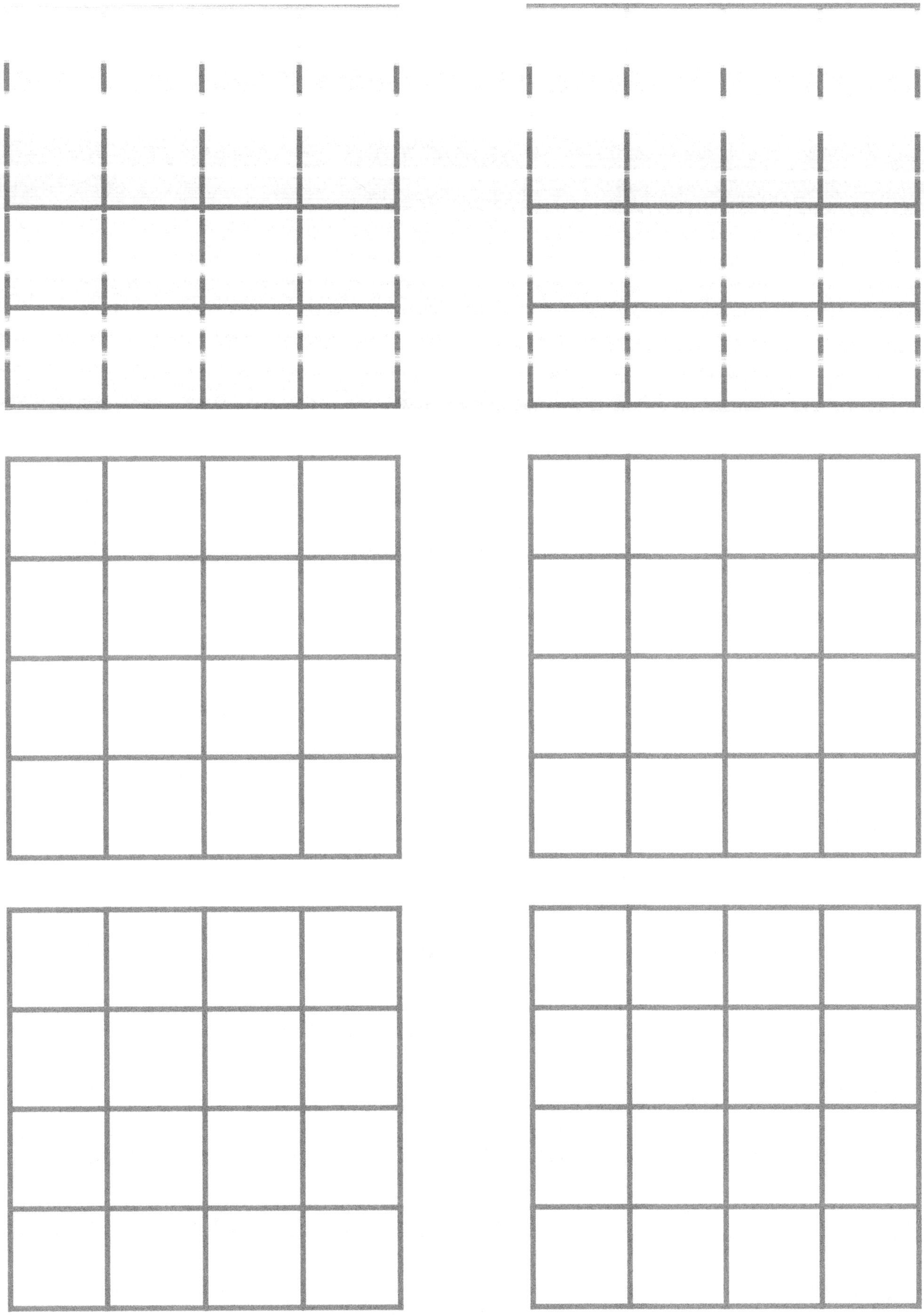

Game #1

Step 1	2	3	4	5	6	7	8	9	10	11	12	13	14	15
Step 16	17	18	19	20	21	22	23	24	25	26	27	28	29	30
Step 31	32	33	34	35	36	37	38	39	40	41	42	43	44	45

Game #2

Step 1	2	3	4	5	6	7	8	9	10	11	12	13	14	15
Step 16	17	18	19	20	21	22	23	24	25	26	27	28	29	30
Step 31	32	33	34	35	36	37	38	39	40	41	42	43	44	45

Game #3

Step 1	2	3	4	5	6	7	8	9	10	11	12	13	14	15
Step 16	17	18	19	20	21	22	23	24	25	26	27	28	29	30
Step 31	32	33	34	35	36	37	38	39	40	41	42	43	44	45

Game #4

Step 1	2	3	4	5	6	7	8	9	10	11	12	13	14	15
Step 16	17	18	19	20	21	22	23	24	25	26	27	28	29	30
Step 31	32	33	34	35	36	37	38	39	40	41	42	43	44	45

Game #5

Step 1	2	3	4	5	6	7	8	9	10	11	12	13	14	15
Step 16	17	18	19	20	21	22	23	24	25	26	27	28	29	30
Step 31	32	33	34	35	36	37	38	39	40	41	42	43	44	45

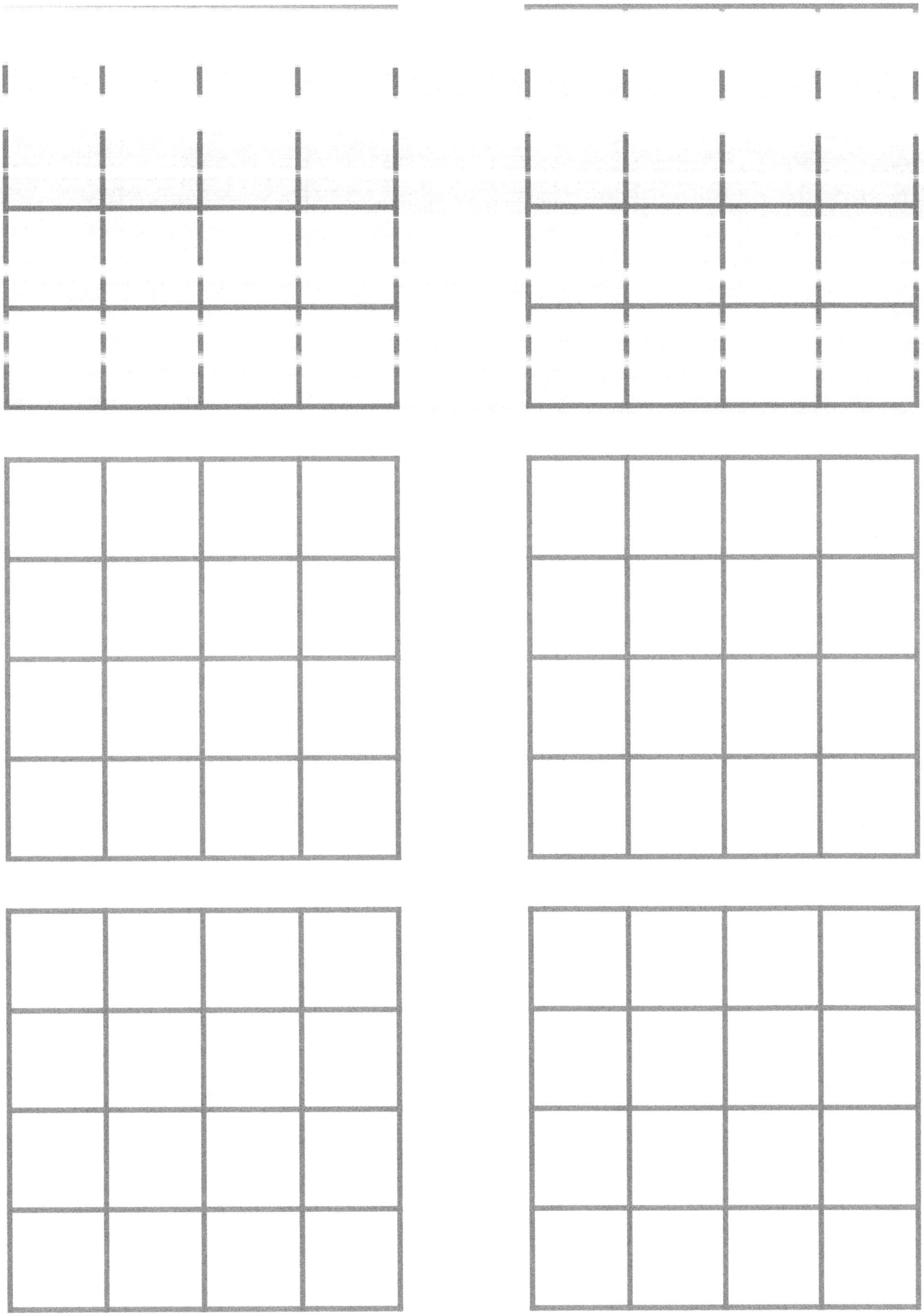

Game #1

Step 1	2	3	4	5	6	7	8	9	10	11	12	13	14	15
Step 16	17	18	19	20	21	22	23	24	25	26	27	28	29	30
Step 31	32	33	34	35	36	37	38	39	40	41	42	43	44	45

Game #2

Step 1	2	3	4	5	6	7	8	9	10	11	12	13	14	15
Step 16	17	18	19	20	21	22	23	24	25	26	27	28	29	30
Step 31	32	33	34	35	36	37	38	39	40	41	42	43	44	45

Game #3

Step 1	2	3	4	5	6	7	8	9	10	11	12	13	14	15
Step 16	17	18	19	20	21	22	23	24	25	26	27	28	29	30
Step 31	32	33	34	35	36	37	38	39	40	41	42	43	44	45

Game #4

Step 1	2	3	4	5	6	7	8	9	10	11	12	13	14	15
Step 16	17	18	19	20	21	22	23	24	25	26	27	28	29	30
Step 31	32	33	34	35	36	37	38	39	40	41	42	43	44	45

Game #5

Step 1	2	3	4	5	6	7	8	9	10	11	12	13	14	15
Step 16	17	18	19	20	21	22	23	24	25	26	27	28	29	30
Step 31	32	33	34	35	36	37	38	39	40	41	42	43	44	45

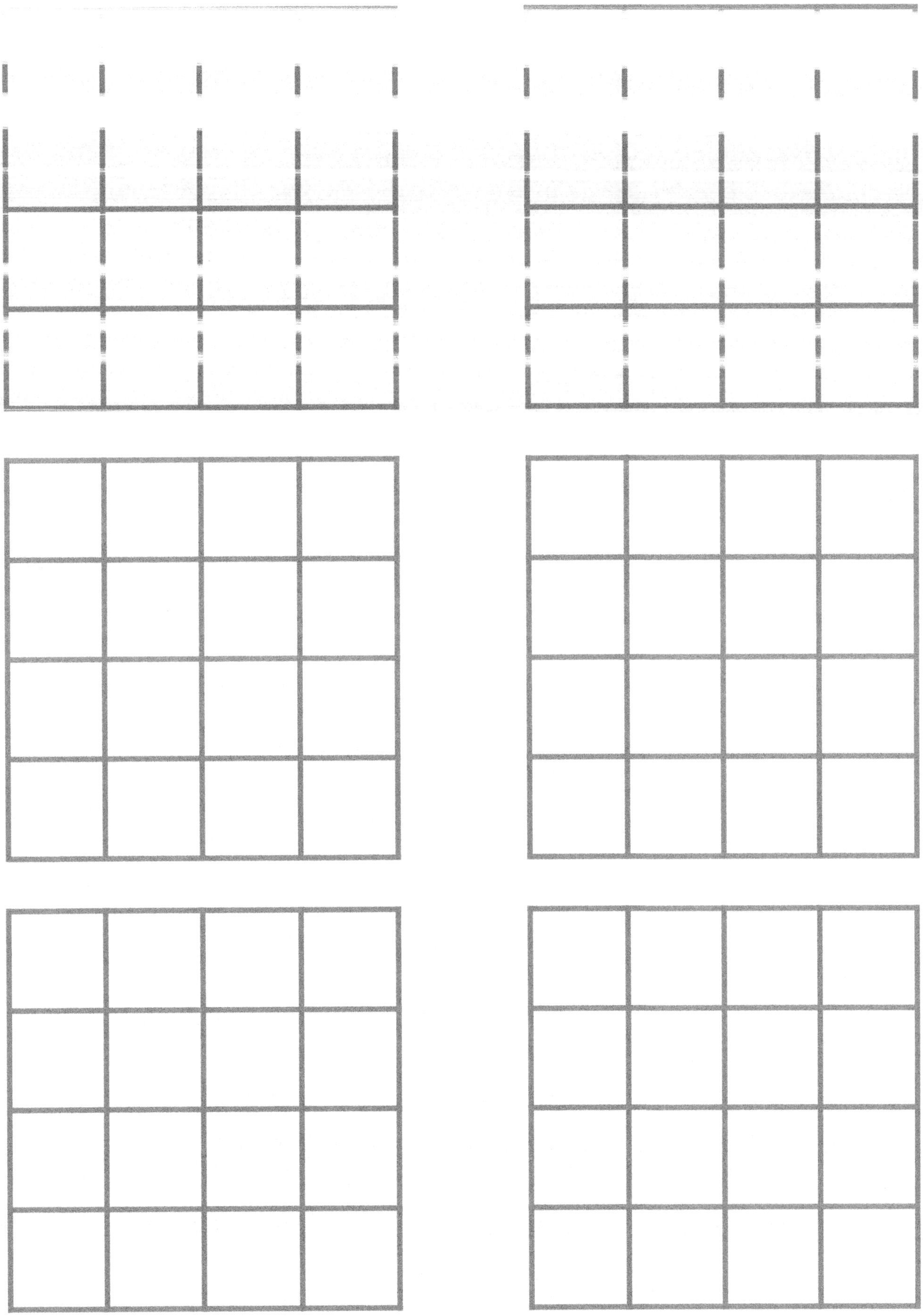

Game #1

Step 1	2	3	4	5	6	7	8	9	10	11	12	13	14	15
Step 16	17	18	19	20	21	22	23	24	25	26	27	28	29	30
Step 31	32	33	34	35	36	37	38	39	40	41	42	43	44	45

Game #2

Step 1	2	3	4	5	6	7	8	9	10	11	12	13	14	15
Step 16	17	18	19	20	21	22	23	24	25	26	27	28	29	30
Step 31	32	33	34	35	36	37	38	39	40	41	42	43	44	45

Game #3

Step 1	2	3	4	5	6	7	8	9	10	11	12	13	14	15
Step 16	17	18	19	20	21	22	23	24	25	26	27	28	29	30
Step 31	32	33	34	35	36	37	38	39	40	41	42	43	44	45

Game #4

Step 1	2	3	4	5	6	7	8	9	10	11	12	13	14	15
Step 16	17	18	19	20	21	22	23	24	25	26	27	28	29	30
Step 31	32	33	34	35	36	37	38	39	40	41	42	43	44	45

Game #5

Step 1	2	3	4	5	6	7	8	9	10	11	12	13	14	15
Step 16	17	18	19	20	21	22	23	24	25	26	27	28	29	30
Step 31	32	33	34	35	36	37	38	39	40	41	42	43	44	45

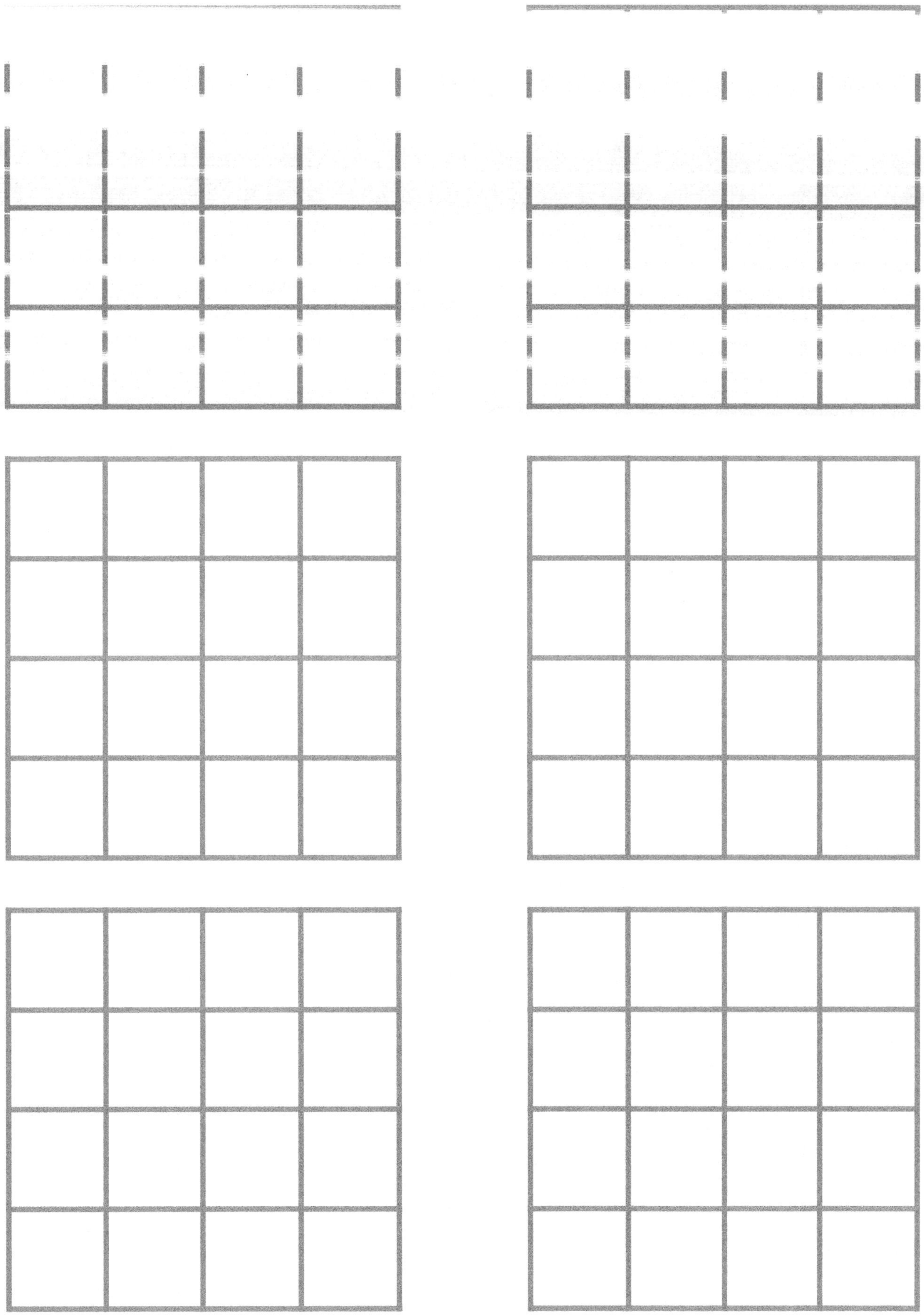

Game #1

Step 1	2	3	4	5	6	7	8	9	10	11	12	13	14	15
Step 16	17	18	19	20	21	22	23	24	25	26	27	28	29	30
Step 31	32	33	34	35	36	37	38	39	40	41	42	43	44	45

Game #2

Step 1	2	3	4	5	6	7	8	9	10	11	12	13	14	15
Step 16	17	18	19	20	21	22	23	24	25	26	27	28	29	30
Step 31	32	33	34	35	36	37	38	39	40	41	42	43	44	45

Game #3

Step 1	2	3	4	5	6	7	8	9	10	11	12	13	14	15
Step 16	17	18	19	20	21	22	23	24	25	26	27	28	29	30
Step 31	32	33	34	35	36	37	38	39	40	41	42	43	44	45

Game #4

Step 1	2	3	4	5	6	7	8	9	10	11	12	13	14	15
Step 16	17	18	19	20	21	22	23	24	25	26	27	28	29	30
Step 31	32	33	34	35	36	37	38	39	40	41	42	43	44	45

Game #5

Step 1	2	3	4	5	6	7	8	9	10	11	12	13	14	15
Step 16	17	18	19	20	21	22	23	24	25	26	27	28	29	30
Step 31	32	33	34	35	36	37	38	39	40	41	42	43	44	45

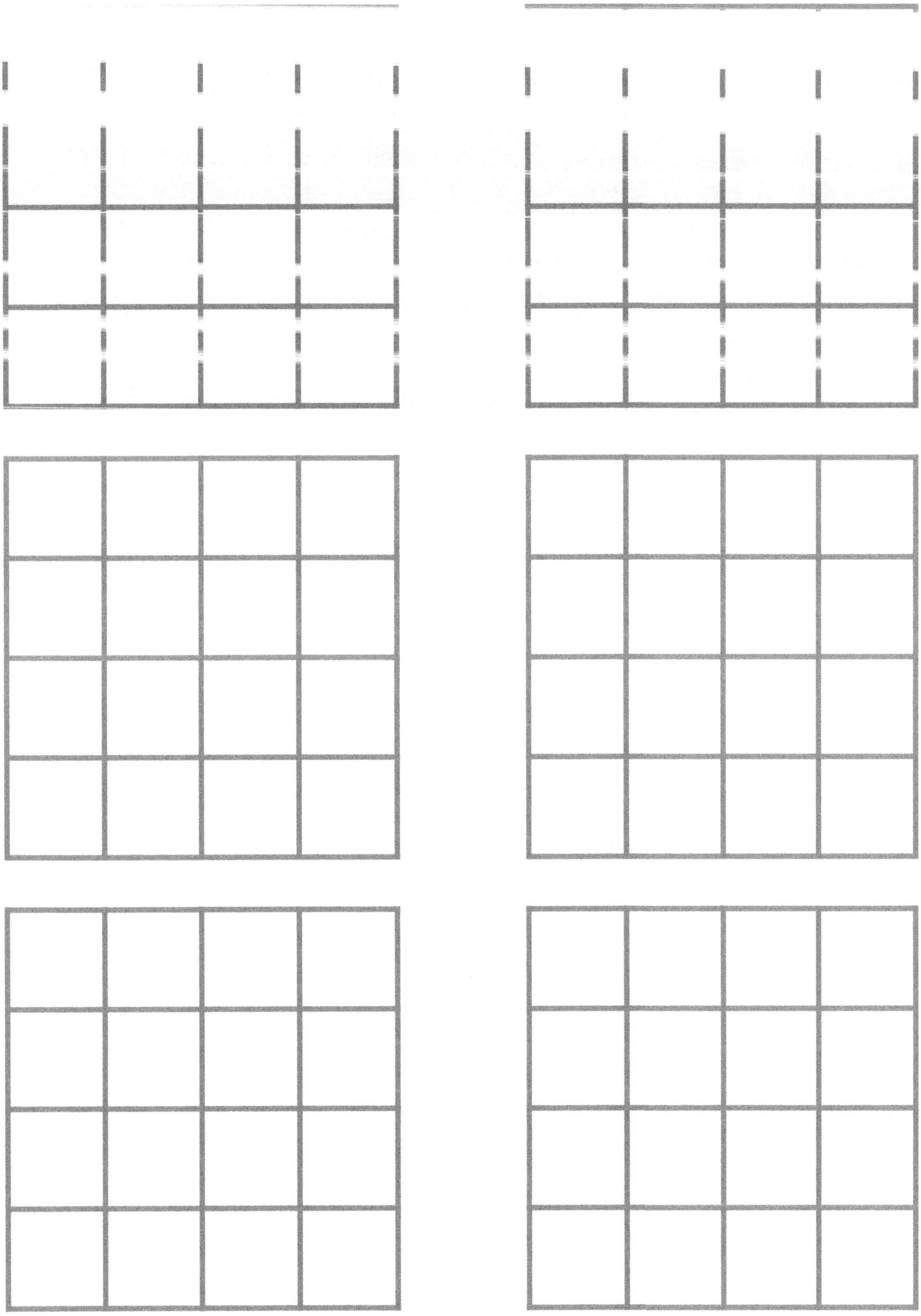

Game #1

Step 1	2	3	4	5	6	7	8	9	10	11	12	13	14	15
Step 16	17	18	19	20	21	22	23	24	25	26	27	28	29	30
Step 31	32	33	34	35	36	37	38	39	40	41	42	43	44	45

Game #2

Step 1	2	3	4	5	6	7	8	9	10	11	12	13	14	15
Step 16	17	18	19	20	21	22	23	24	25	26	27	28	29	30
Step 31	32	33	34	35	36	37	38	39	40	41	42	43	44	45

Game #3

Step 1	2	3	4	5	6	7	8	9	10	11	12	13	14	15
Step 16	17	18	19	20	21	22	23	24	25	26	27	28	29	30
Step 31	32	33	34	35	36	37	38	39	40	41	42	43	44	45

Game #4

Step 1	2	3	4	5	6	7	8	9	10	11	12	13	14	15
Step 16	17	18	19	20	21	22	23	24	25	26	27	28	29	30
Step 31	32	33	34	35	36	37	38	39	40	41	42	43	44	45

Game #5

Step 1	2	3	4	5	6	7	8	9	10	11	12	13	14	15
Step 16	17	18	19	20	21	22	23	24	25	26	27	28	29	30
Step 31	32	33	34	35	36	37	38	39	40	41	42	43	44	45

Game #1

Step 1	2	3	4	5	6	7	8	9	10	11	12	13	14	15
Step 16	17	18	19	20	21	22	23	24	25	26	27	28	29	30
Step 31	32	33	34	35	36	37	38	39	40	41	42	43	44	45

Game #2

Step 1	2	3	4	5	6	7	8	9	10	11	12	13	14	15
Step 16	17	18	19	20	21	22	23	24	25	26	27	28	29	30
Step 31	32	33	34	35	36	37	38	39	40	41	42	43	44	45

Game #3

Step 1	2	3	4	5	6	7	8	9	10	11	12	13	14	15
Step 16	17	18	19	20	21	22	23	24	25	26	27	28	29	30
Step 31	32	33	34	35	36	37	38	39	40	41	42	43	44	45

Game #4

Step 1	2	3	4	5	6	7	8	9	10	11	12	13	14	15
Step 16	17	18	19	20	21	22	23	24	25	26	27	28	29	30
Step 31	32	33	34	35	36	37	38	39	40	41	42	43	44	45

Game #5

Step 1	2	3	4	5	6	7	8	9	10	11	12	13	14	15
Step 16	17	18	19	20	21	22	23	24	25	26	27	28	29	30
Step 31	32	33	34	35	36	37	38	39	40	41	42	43	44	45

Game #1

Step 1	2	3	4	5	6	7	8	9	10	11	12	13	14	15
Step 16	17	18	19	20	21	22	23	24	25	26	27	28	29	30
Step 31	32	33	34	35	36	37	38	39	40	41	42	43	44	45

Game #2

Step 1	2	3	4	5	6	7	8	9	10	11	12	13	14	15
Step 16	17	18	19	20	21	22	23	24	25	26	27	28	29	30
Step 31	32	33	34	35	36	37	38	39	40	41	42	43	44	45

Game #3

Step 1	2	3	4	5	6	7	8	9	10	11	12	13	14	15
Step 16	17	18	19	20	21	22	23	24	25	26	27	28	29	30
Step 31	32	33	34	35	36	37	38	39	40	41	42	43	44	45

Game #4

Step 1	2	3	4	5	6	7	8	9	10	11	12	13	14	15
Step 16	17	18	19	20	21	22	23	24	25	26	27	28	29	30
Step 31	32	33	34	35	36	37	38	39	40	41	42	43	44	45

Game #5

Step 1	2	3	4	5	6	7	8	9	10	11	12	13	14	15
Step 16	17	18	19	20	21	22	23	24	25	26	27	28	29	30
Step 31	32	33	34	35	36	37	38	39	40	41	42	43	44	45

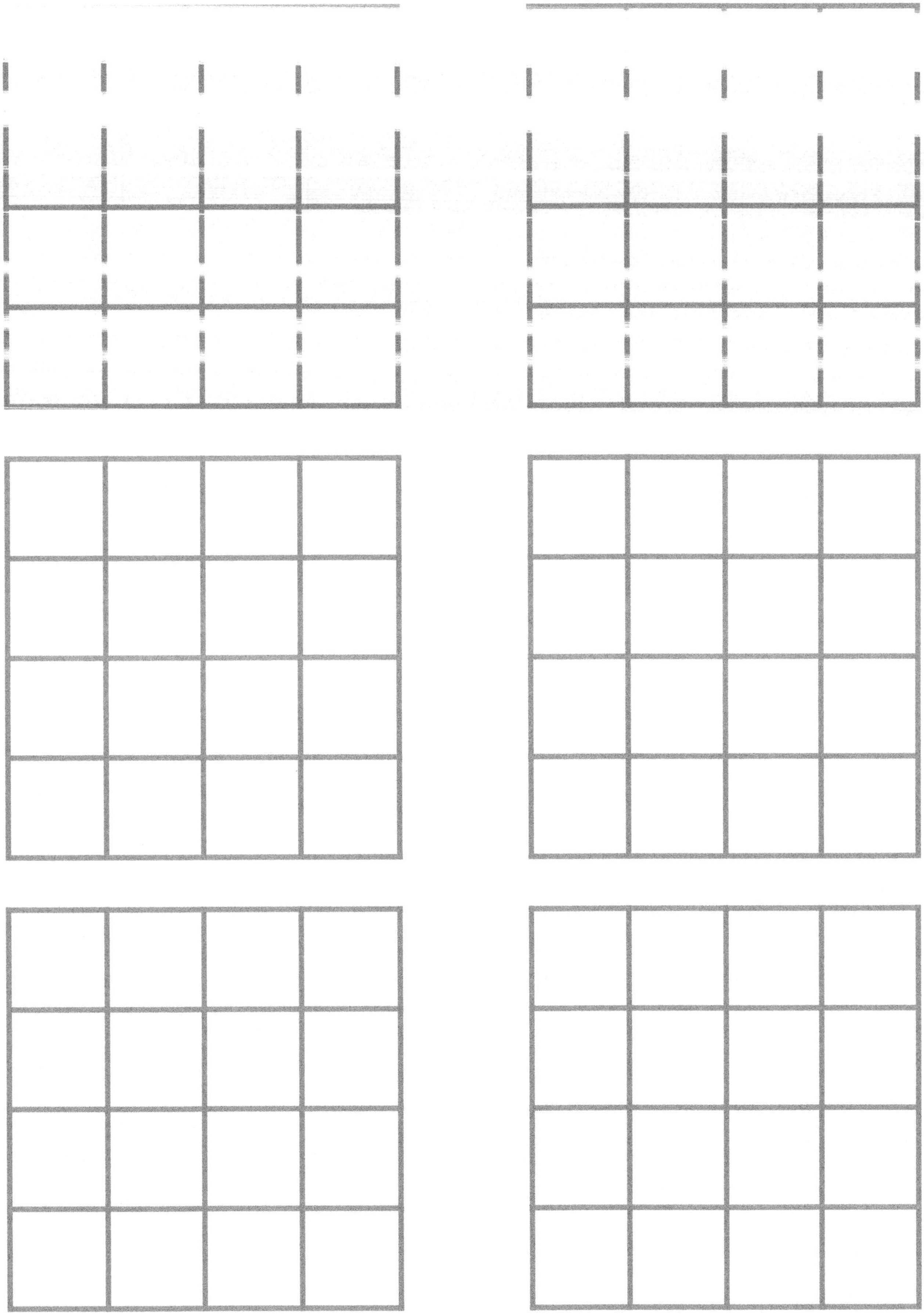

Game #1

Step 1	2	3	4	5	6	7	8	9	10	11	12	13	14	15
Step 16	17	18	19	20	21	22	23	24	25	26	27	28	29	30
Step 31	32	33	34	35	36	37	38	39	40	41	42	43	44	45

Game #2

Step 1	2	3	4	5	6	7	8	9	10	11	12	13	14	15
Step 16	17	18	19	20	21	22	23	24	25	26	27	28	29	30
Step 31	32	33	34	35	36	37	38	39	40	41	42	43	44	45

Game #3

Step 1	2	3	4	5	6	7	8	9	10	11	12	13	14	15
Step 16	17	18	19	20	21	22	23	24	25	26	27	28	29	30
Step 31	32	33	34	35	36	37	38	39	40	41	42	43	44	45

Game #4

Step 1	2	3	4	5	6	7	8	9	10	11	12	13	14	15
Step 16	17	18	19	20	21	22	23	24	25	26	27	28	29	30
Step 31	32	33	34	35	36	37	38	39	40	41	42	43	44	45

Game #5

Step 1	2	3	4	5	6	7	8	9	10	11	12	13	14	15
Step 16	17	18	19	20	21	22	23	24	25	26	27	28	29	30
Step 31	32	33	34	35	36	37	38	39	40	41	42	43	44	45

Game #1

Step 1	2	3	4	5	6	7	8	9	10	11	12	13	14	15
Step 16	17	18	19	20	21	22	23	24	25	26	27	28	29	30
Step 31	32	33	34	35	36	37	38	39	40	41	42	43	44	45

Game #2

Step 1	2	3	4	5	6	7	8	9	10	11	12	13	14	15
Step 16	17	18	19	20	21	22	23	24	25	26	27	28	29	30
Step 31	32	33	34	35	36	37	38	39	40	41	42	43	44	45

Game #3

Step 1	2	3	4	5	6	7	8	9	10	11	12	13	14	15
Step 16	17	18	19	20	21	22	23	24	25	26	27	28	29	30
Step 31	32	33	34	35	36	37	38	39	40	41	42	43	44	45

Game #4

Step 1	2	3	4	5	6	7	8	9	10	11	12	13	14	15
Step 16	17	18	19	20	21	22	23	24	25	26	27	28	29	30
Step 31	32	33	34	35	36	37	38	39	40	41	42	43	44	45

Game #5

Step 1	2	3	4	5	6	7	8	9	10	11	12	13	14	15
Step 16	17	18	19	20	21	22	23	24	25	26	27	28	29	30
Step 31	32	33	34	35	36	37	38	39	40	41	42	43	44	45

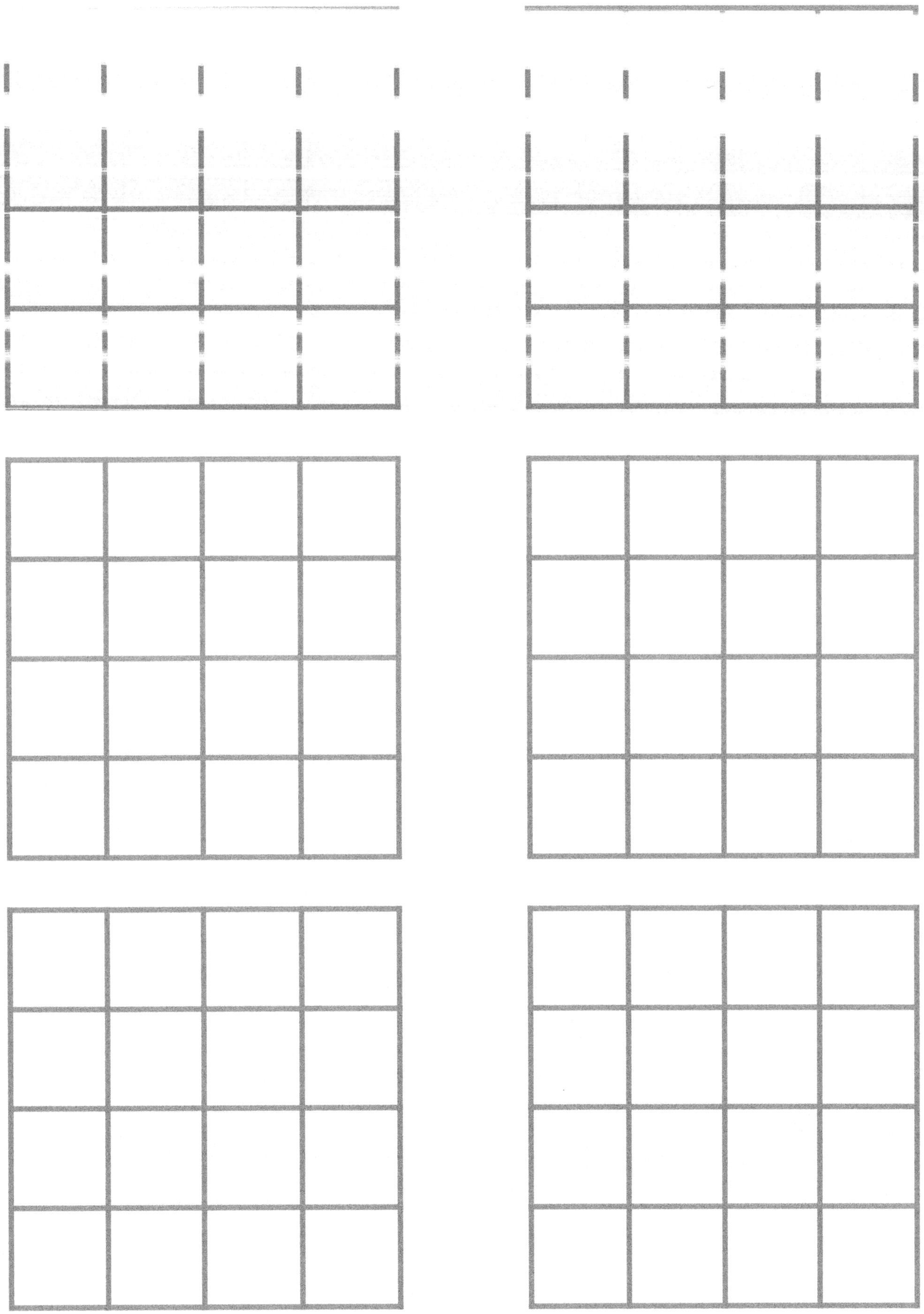

Game #1

Step 1	2	3	4	5	6	7	8	9	10	11	12	13	14	15
Step 16	17	18	19	20	21	22	23	24	25	26	27	28	29	30
Step 31	32	33	34	35	36	37	38	39	40	41	42	43	44	45

Game #2

Step 1	2	3	4	5	6	7	8	9	10	11	12	13	14	15
Step 16	17	18	19	20	21	22	23	24	25	26	27	28	29	30
Step 31	32	33	34	35	36	37	38	39	40	41	42	43	44	45

Game #3

Step 1	2	3	4	5	6	7	8	9	10	11	12	13	14	15
Step 16	17	18	19	20	21	22	23	24	25	26	27	28	29	30
Step 31	32	33	34	35	36	37	38	39	40	41	42	43	44	45

Game #4

Step 1	2	3	4	5	6	7	8	9	10	11	12	13	14	15
Step 16	17	18	19	20	21	22	23	24	25	26	27	28	29	30
Step 31	32	33	34	35	36	37	38	39	40	41	42	43	44	45

Game #5

Step 1	2	3	4	5	6	7	8	9	10	11	12	13	14	15
Step 16	17	18	19	20	21	22	23	24	25	26	27	28	29	30
Step 31	32	33	34	35	36	37	38	39	40	41	42	43	44	45

Made in the USA
Las Vegas, NV
12 August 2021

28043932R00151